LA BÊTE DE L'APOCALYPSE

Du même auteur:

Radioscopie des Evangiles, Bruxelles 1989
(dépos. Peeters - Leuven)

L'alphabet magique, sous presse

Maria N. SANTANGELO

LA BÊTE DE L'APOCALYPSE

Monaco-Bruxelles, 6 mai 1991

© Maria N. Santangelo
ISBN 90-6831-358-4
D/1991/0602/68

TABLE DES MATIERES

Apocalypse, Commentaire de Beatus, Londres, British Library.

AVANT-PROPOS

Pourquoi remplir 20 pages pour dire le nom de la bête, quand une ligne aurait suffi? Parce que mon souci est l'éducation de l'intelligence par l'apprentissage de la simplicité. J'adresse à tous ceux qui, depuis Irénée de Lyon, appliquent la guématrie ésotérique pour faire sauter le verrou de l'Apocalypse, l'expression de mon estime très sincère, mais entretemps la bête court toujours.

La Bête de l'Apocalypse

Le XX siècle chrétien touche à sa fin, en réveillant les sensibilités millénaristes nourries de signes des temps et du chap. XX de l'Apocalypse de Jean. Serait-ce un Royaume de bonheur spirituel au sens de Papias en Eusèbe, Hist. Eccl. III,39, ou une sorte de «pax romana» et la prospérité de l'âge d'or invoqué par des poètes réceptifs aux aspirations généralisées d'un monde saturé de guerres? Y aura-t-il jugement, et le Méchant doit-il cependant venir d'abord, comme assurait l'apôtre Paul dans sa 2ᵉ Epître aux Thessaloniciens (2,4) jusqu'à s'asseoir dans le temple de Dieu (dérive historique d'un discours eschatologique)?

Malgré la charge prophétique de l'Apocalypse qui lui a valu le privilège d'être insérée dans le Canon comme écriture inspirée, tout ce qu'on lui demande aujourd'hui est de se laisser exploiter comme document de son temps. Qui est ce Jean qui la signe? (Les rationalistes ont dit que son exil à Patmos est une fable pour expliquer I,9). Qui est la Femme couronnée de douze étoiles? Et surtout, qui est la Bête? Les supputations vont bon train à ce sujet, sans pour autant sortir de l'impasse où l'exégèse s'est enlisée depuis des siècles et des siècles. On se trompe d'une tête ou plus en juxtaposant, à la faveur de préjugés tenaces, le chap. 13 au chap. 17. J'ai donc décidé de faire un sort au monstre sacré de ces deux chapitres et dévoiler dans la foulée le mystère des deux témoins sur lesquels s'acharne la bête qui sort des abîmes. Si vous saviez, dans l'Apocalypse, combien de bêtes il y a! Il arrive même qu'une bête en cache une autre. Commençons par celle qui ne demande qu'un peu de bon sens (moins de guématrie et plus de bon sens).

I. Le mystère de la bête chiffrée (ch. XIII)

Deux mille ans d'exégèse n'ont pas réussi à nous livrer ce fil d'Ariadne qui permettrait de démasquer le monstre. Ce n'est pourtant pas si sorcier, pour autant toutefois qu'on connaisse un peu d'histoire romaine. Mais voilà, ceux qui s'intéressent aux prophéties n'ont pas été assez initiés à ce domaine, et les hellénistes ne lisent pas l'Apocalypse. Moi-même je n'en ai entrepris la lecture que récemment, par esprit de compétition. Ce n'est pas la seule hypothèque à ôter; une seconde, non moins lourde, consiste à faire systématiquement de ce texte une lecture chrétienne, en étalant sa composition depuis Néron jusqu'à Domitien ou même Trajan. A. Läpple par exemple (L'Apocalypse de Jean, Cerf, Paris, 1970, p. 60) envisage une rédaction commencée sous Vespasien et achevée sous Domitien. Et comme l'auteur est censé être un juif converti, les hébraïsmes et les references à la liturgie juive s'expliquent automatiquement.

On n'a presque pas songé à reporter l'origine de la composition dans un milieu purement judéen — et moi j'ajoute: judéo-alexandrin. Je ne dis pas que l'auteur en est Philon et ce serait même lui faire tort, car le grec de l'Apocalypse passe pour être le plus mauvais de tout le Nouveau Testament. Mais certains de ses écrits ont eu une incidence certaine sur l'origine des pages consacrées à la bête.

La diaspora juive en direction d'Egypte (pays béni ensemble avec l'Assyrie dans un Oracle d'Isaïe, 19,1-25) a été une conséquence de la prise de Jérusalem par Ptolémée Philadelphe en 319. En suivant l'exemple de son père qui avait installé cent mille juifs en Cyrénaïque, le lagide Philadelphe déporta en Basse Egypte et Alexandrie de nombreuses familles originaires de Judée et Samarie.

A mesure que dans le vaste espace hellénisé par Alexandre et les diadoques on fondait des villes nouvelles comme Alexandrie, Antioche ou Ephèse et que l'occupation grecque, puis romaine, de la Palestine se maintenait, la diaspora se développa même volontairement en quête de nouveaux horizons: dès le premier siècle av. J.C. il y avait des juifs dans toutes les provinces de l'Empire romain. Il paraît toutefois qu'Alexandrie ait été le pôle qui a exercé l'attraction la plus forte.

Dans cette ville créée de toutes pièces et rapidement promue au premier rang comme foyer intellectuel ayant devancé Athènes, des dizaines de milliers de juifs rassemblés en «politeuma» jouissaient de plusieurs libertés octroyées par un édit spécial du Philadelphe, bien qu'exclus de la catégorie de citoyens. On peut imaginer que, quel que fût leur statut initial, ils s'adonnaient, à l'époque qui nous intéresse (la rédaction de l'Apocalypse) surtout au commerce et à l'export-import de matières premières ou d'articles de luxe, de plus en plus demandés, étant munis de la licence requise. La concurrence devait être serrée avec les autres «marchands de la terre» qui commerçaient en:

> or, argent, pierres précieuses et perles; fines toiles de lin, étoffes de pourpre et d'écarlate, soie; toute sorte de bois rares, toute espèce d'objets en ivoire, en bois précieux, en bronze, en fer et en marbre; canelle, épices, parfums, myrrhe et encens; vin, huile, farine et blé; bœufs et moutons, chevaux et chars, esclaves et même vies humaines (Apoc. 18,11-13).

Dans un livre qui se prétend prophétique, fréquentes sont les allusions aux marchands, notamment dans le chap. XVIII.

Dans l'histoire de la diaspora judéo-alexandrine, l'élite cultivée est représentée d'abord par un collège de 70 sages chargés de la version grecque de la Bible commanditée par Ptolémée Philadelphe, ensuite par les rédacteurs de la Sagesse, ouvrage compilé au tournant de notre ère et marqué par la rencontre de la pensée juive et de principes de philosophie hellénistique, puis toujours sous l'occupation romaine, par C. J. Alexander, alabarque d'Alexandrie, et son frère Philon connu surtout pour ses travaux de philologie (exégèse allégorique, spéculations philosophiques). Ici toutefois il ne s'agit pas d'étudier l'Apocalypse à la lumière de ces textes, mais bien de ceux de l'homme publique confronté à la vague de persécutions et au culte impérial.

On est en 32 après J.C. L'Egypte est gouvernée par un préfet, Flaccus, qui représente Tibère et puis Caius Caligula. Lors du passage, interprété comme une provocation, d'Hérode Agrippa I à Alexandrie, et d'une scène de dérision visant sa qualité de syrien, dit Philon (en réalité, il était d'origine iduméenne), des affrontements eurent lieu entre Hellènes et Juifs, suivis de massacres et confiscations qu'on peut assimiler à une poussée d'antisémitisme.

Par égard à Hérode, ami des Romains, Caligula fit arrêter Flaccus, et tout serait rentré dans l'ordre si, l'an 38, l'empereur romain épris de fastes orientaux et d'honneurs divins ne s'était pas avisé d'introduire sa statue gigantesque dans les lieux de culte alexandrins, y compris la synagogue. C'était l'abomination de la désolation visée par différentes prophéties, dont Daniel 9,27 et 12,11, à cfr à la petite apocalypse de

Marc (13,14 ss) et Matthieu 24,15. A cet endroit précis Philon nous sera précieux pour comprendre l'Apocalypse, avec son rapport «Legatio ad Caium», expèce de mémoire sur le déroulement de l'ambassade qu'il présidait auprès de Caïus Caligula. Si vous pouvez vous imaginer quelqu'un d'aussi cultivé que Philon (ses exégèses), riche (il aurait fourni l'or pour les portes du Temple de Jérusalem) et lié à l'aristocratie palestinienne (oncle par alliance de Bérénice) maltraité avec arrogance par un césar glouton et grossier, vous comprendrez aussi le chap. XIII de l'Apocalypse. C'est la piste judéo-alexandrine dont j'ai parlé, et qu'il est impossible d'écarter. L'ombre de Philon dans l'Apocalypse ne doit pas nous étonner davantage que la présence d'une ode philonienne en prologue du IVᵉ évangile. Qui sait, après tout?: l'Apocalypse aurait bien eu, dans la longue histoire de sa composition, le disciple bien-aimé, Jean, comme co-auteur.

Une autre erreur à éviter est celle qui consiste à rechercher le chiffre de la bête dans les lettres grecques ou hébraïques. Les Bibles disent qu'il faut additionner les chiffres correspondant aux lettres; or, comme un nombre aussi élevé que 666 ne peut pas être atteint avec un seul nom, les exégètes se sont permis d'ajouter un titre (César, theos). Ma déontologie m'interdit de procéder de la sorte. Ce n'est pas parce qu'il vous faut à tout prix un titre pour totaliser selon les écritures, que le Jean de l'Apocalypse devait désigner la bête autrement que par son seul nom, celui sous lequel on le connaissait.

Irénée de Lyon fut parmi les premiers à s'occuper du chiffre de la bête (Contre les hérésies, V, 30,1):

30,1 «la raison nous enseigne que le chiffre du nom de la bête, compté à la manière des Grecs à l'aide des lettres que contient ce nom, est de six cent soixante-six ... (omissis) ... car le nom six conservé partout pareillement indique bien la récapitulation de toute l'apostasie perpétrée au commencement, au milieu des temps et à la fin».

30,2 «Le mot *Teitan* (Titan) est, de tous ceux qui se rencontrent chez nous, le plus digne de créance ... il pourrait fort bien être celui de l'homme qui doit venir».

30,4 «En fait Jean a fait connaître le chiffre du nom de l'Antichrist afin que nous nous gardions de lui lorsqu'il viendra, sachant qui il est ...»[1].

P.M.: Après Teitan (interprété à tort comme Titus) suggéré par Irénée, nous pouvons resumer ainsi les performances de la guématrie appliquée au dernier verset du chap. XIII:

---

[1] Irénée de Lyon, Contre les hérésies, trad. A. Rousseau, Cerf. Paris, 1985.

— Trajan pour Hugo Grotius
— Qesar Néron pour P. Prigent
— Kaiser Theos pour D. Mollat, qui esploite la variante «616» de certains codes[2]
— Gaios Kaisar (également 616) c. à d. Caligula rapporté par l'Encyclopédie britannique.
Par la voie triangulaire on aboutit à Domitien.

Les spécialistes en guématrie ont totalisé la bête en additionnant les lettres, ou les seules consonnes, en écriture grecque ou hébraïque, en tombant aussi dans le piège tendu par le ch. XVII pour se damner sans appel.

Que diable! ces empereurs sont des romains!

Lisez Actes 18,2:

> (Paul) rencontre le juif Aquilas ... chassé d'Italie comme tous les juifs, par ordre de Claude ...

ou lisez Suétone, Vies des 12 Césars (Claude 25) au sujet de l'Edit pris pour expulser les juifs de Rome pour tout ce qu'ils faisaient «impulsore Chresto».

Il y avait donc des juifs qui, après avoir été en contact avec la culture romaine, rentraient dans la zone hellénisée en sachant lire les caractères latins.

Philon qui était né à Alexandrie et donc tout à fait hellénisé, a dû plaider en grec la cause de ses coréligionaires à la tête de l'ambassade envoyée à Rome auprès de Caïus Caligula, l'an 40 de notre ère.

S'il avait su lire et écrire en caractères latins, il aurait pu donner le chiffre de la bête qui se moquait de lui: 111, qu'il ne faut pas multiplier par 6 pour obtenir 666, car 6, tout sémitique qu'il soit, n'est pas employé symboliquement dans l'apocalypse.

> Ce genre littéraire adopte certaines règles comme le symbolisme, la pseudonymie et l'appel à comprendre les sous-entendus.
> Le symbolisme numérique est représenté surtout par 7 (chiffre de plénitude: 7 têtes pour le bien ou pour le mal), par 10 (les 10 cornes) outre que par $3,\frac{1}{2} = 42$ mois = trois ans et demi.
> La pseudonymie consiste à changer le nom ou la fonction d'ennemis redoutables. Je rappelle que Tibère César était couramment assimilé à Mamon par Jésus et probablement les Zélotes: il permettait au Grand Prêtre de couler des jours heureux et insouciants[3].
> C'est le cas ici dans les lettres à la Ière et III Eglise d'Asie (lettres qui

---

[2] Pour Irénée il s'agit d'une erreur de scribes. Toutefois je vous renvoie à page 22.
[3] V. mon ouvrage «Radioscopie des évangiles» Bruxelles-Leuven 1989, pages 79-80.

sont — me paraît-il logique — une adjonction postérieure à tout le reste de l'ouvrage). Dans la première d'entre elles, qui sert de modèle aux autres, les Nicolaïtes cachent les Romains, du moins dans le jargon de l'Eglise d'Ephèse et de Pergame, d'autant plus que la pseudonymie est suivie de l'exhortation à comprendre si on a des oreilles.

Je vous engage maintenant, puisque nous parlions de Philon, à confronter les premiers seize versets et demi du chap. XIII avec le rapport «Legatio ad Caïum» § 349-367[4].

§ 352: Nous autres, nous voici introduits jusqu'à lui ... et nous nous adressons à lui par le titre d'Auguste Empereur.

§ 353: Il pinça les lèvres et serra les dents pour nous dire: «C'est vous les ennemis de la divinité, qui ne croyez pas que je suis Dieu, comme tout le monde le reconnaît, et vous croyez en celui que vous ne devez pas nommer!».
Il leva les bras au ciel et il articula l'appellation interdite à l'oreille même ...

§ 354: Quel fut alors le plaisir qui remplit les ambassadeurs du parti adverse ... Ils félicitaient (Caïus) en usant des titres qu'on adresse à tous les dieux.

§ 355: Lui il rayonnait, à ces invocations surhumaines; et Isidore[5], le détestable hypocrite, de lui dire: «Maître ... tout le monde offre des sacrifices d'action de grâces pour ta guérison, et eux seuls, ils n'ont pas accepté de sacrifier — je dis eux, mais j'y associe tous les autres juifs».

§ 356: Et nous d'élever de concert les hauts cris: «Seigneur, on nous calomnie! Nous avons sacrifié, et sacrifié des hécatombes: nous ne nous contentions pas de répandre le sang autour de l'autel en emportant la viande pour festoyer et banqueter à domicile ... nous avons livré aux flammes sacrées les victimes tout entières, et dans trois occasions au lieu d'une seule: une première fois, quand tu as hérité du pouvoir; une deuxième quand tu as échappé à la maladie grave qui a touché toute la terre avec toi; et la troisième, dans l'espérance de ta victoire en Germanie!»[6]

Caligula leur demanda à un certain moment la raison de leur abstinence en viande de porc, ce à quoi ils ont répondu: «les coutumes varient avec les peuples».

Et bien que «Dieu accueillit notre plainte et il tourna l'instinct de Caïus (dieu d'imposture) vers la pitié», Philon et ses hommes durent rentrer à Alexandrie pleins de rancune et dépit.

---

[4] Philon d'Alexandrie, présenté par J. Cazeaux, Cahiers Evangile, suppl. au n° 44, Cerf. Paris, 1983.

[5] (Cf. F. Josèphe, A.J. XVIII,257).

[6] L'été 39.

La «bouche qui proférait des paroles arrogantes et des blasphèmes» (XIII, 6) ne peut qu'appartenir à Caligula articulant l'appellation interdite, du § 353.

Les quarante-deux mois de pouvoir correspondent à la durée du règne de cet Empereur, assassiné dans une conjuration de palais. Cette prophétie ex eventu nous engage à réconstruire les vv. 9 et 10 du chap. XIII comme suit:

> Si quelqu'un a des oreilles, qu'il entende.
> Si quelqu'un mène en captivité, il ira en captivité; si quelqu'un tue par l'épée, par l'épée périra.

Si nous remontons en arrière dans la relation de Philon, au § 14, nous saurons pourquoi

> une des têtes de la bête était comme blessée à mort; mais sa blessure mortelle fut guérie. (XIII, 3).

En effet les §§ 355 et 356 parlent de sacrifices pour une grave maladie, d'actions de grâce pour la guérison, mais il aurait été inconvenant de rappeler à César la nature de cette affection mortelle, qui se déclara le 8° mois du règne:

> § 14: ... voilà que s'abat sur Caïus une grave maladie car il avait changé de régime. Le salaire de l'incontinence est la maladie, voisine de la mort.

Cette vulgaire indigestion est devenue dans le v. 14 du ch. XIII de l'Apocalypse une «blessure de l'épée», car il ne fallait pas que les romains, à commencer par «l'autre bête» qui «exerçait toute l'autorité de la première bête sous son regard», obligeant ses sujets à «adorer la première bête, dont la blessure mortelle avait été guérie» (v. 12), pûssent comprendre l'allusion.

S'il ne fait pas de doute que la première bête est Caligula tel que Philon l'a vécu et haï, l'interprétation de son faux-prophète dépend du lieu où cette partie de l'Apocalypse a été écrite: si c'est Alexandrie, le préfet; si c'est Jérusalem, le gouverneur de la Judée. C'est quelqu'un que l'auteur a beaucoup détesté, puisqu'il ne l'oublie jamais, à côté de la bête, dans les prophéties de châtiment (ch. XV et XVI; XIX, 20 et XX, 10).

Sauf en finale du v. 8 (l'agneau immolé: ajoute chrétienne), Jésus et ses serviteurs sont absents de ce chapitre XIII; l'empereur Caligula a été en effet plus la bête noire des juifs dont il blessait la susceptibilité religieuse en voulant introduire sa statue dans la Synagogue ou le

Temple, que l'Antéchrist des premières communautés chrétiennes se réunissant très discrètement dans des maisons de prières privées.

Le refus de rendre un culte à la Bête peut déjà sous Caligula avoir entraîné le retrait de la licence d'acheter et vendre. C'était un cas de conscience, car (XIII, 4) toute la terre adorait la bête, en disant: Qui est semblable à la bête, et qui peut la combattre? — à cfr au

> § 9 de «Ad Caïum»: Qui donc en voyant Caïus recevant la succession à l'Empire de toute la terre et de toute la mer n'eût été frappé d'admiration envers celui qui avait hérité de tous les biens amoncelés (trésors, argent, or, en lingots et en numéraire) ... Armées considérables: infanterie, cavalerie, flottes,
> § 10: un Empire limité par l'Euphrate et le Rhin.
> § 11: Jamais à l'avènement d'aucun empereur l'allegresse générale n'avait été pareille.

L'Apocalypse, après avoir ainsi stigmatisé cet Empereur fou et sanguinaire, poursuit en débitant malédictions, fléaux et coupes de colère tout au long des chap. XV et XVI. Mais, entretemps (je vous avais prévenus: une bête peut en cacher une autre), le trône a été occupé par son oncle: ce Claude des Acta Apostolorum dont les historiens de religion judéo-chrétienne disent du bien.

N'a-t-il pas réintégré les juifs d'Alexandrie dans leurs droits? C'était en 41 (première année de son règne et donc année de grâce).

En 49, il les expulse de Rome. Décrit peut-être à tort comme un faible, et subissant certainement l'ascendant des femmes et des affranchis de son entourage, Claude a mis en œuvre une politique de centralisation des pouvoirs, instituant le Fisc (ou caisse de l'Etat) et donnant caractère publique à la charge du «Procurator Augusti» qui l'administrait. Dans sa lettre aux Alexandrins il affirme le principe de ne pas vouloir de temples ou sacerdoces attachés à sa personne; toutefois le préfet d'Egypte, L. Emile Peto, désigne, dans son édit rattaché à la lettre impériale, comme «Dieu» le nouveau César et comme «très sainte» (sacratissima) sa lettre.

A la différence d'Aquilas qui rattache uniquement à sa qualité de juif la raison de son expulsion d'Italie, Suétone (Les 12 Césars: Claude 25) explique la mesure en y associant les chrétiens: les juifs ont été expulsés parce que

> «impulsore Chresto, assidue tumultuantes».

Or on se demande: quel danger pouvaient représenter ces quelques poignées de chrétiens à Rome, au temps de Claude César? Récrutés uniquement parmi les juifs (car Paul n'est pas encore venu, avec sa combativité, sa dialectique, sa soif de prosélitisme parmi les païens, déclenchant des âpres disputes autour de la Loi), ces chrétiens de Rome ne pouvaient provoquer encore aucun désordre, à part le fait de se réunir et de chanter des hymnes à «Chresto». S'ils déplaisaient à Claude, ce ne pouvait être qu'à cause de leur refus d'adorer sa statue et de lui rendre un culte. Claude aurait mis les juifs et les chrétiens dans le même sac, en tant que rebelles réfractaires au culte impérial. Mais même expulsés, ces personnes ne pourront

> ni acheter, ni vendre, sans avoir la marque,
> le nom de la bête ou le chiffre de son nom.

Claude est bien ce nom dont les lettres, additionnées, totalisent 666:

$$C \quad L \quad A \quad V \quad D \quad I \quad Vs$$
$$100 + 50 + 5 + 5 + 500 + 1 + 5 -$$

en comptant A = V = 5, comme cela s'écrit au moins sur les monnaies, et la finale du chap. XIII est une ajoute postérieure à tout ce qui précède et qui a été inspiré par l'expérience de l'ambassade philonienne auprès de Caïus (CAIVs = 111) Caligula.

Claude pro-sémitique? S'il nomme Hérode Agrippa Roi de Judée, cela ne veut pas dire qu'il fait une politique pro-judaïque, mais que cet Hérode lui a promis de faire une politique pro-claudienne. Les chrétiens en feront les frais: Actes 12,3:

> Le roi (Hérode Agrippa), voyant que cela faisait plaisir aux juifs, fit mettre à mort Jacques, le frère de Jean.

Et il fit arrêter Pierre.

Ces rois, des iduméens judaïsés par opportunisme, étaient d'autant plus loyaux envers les Césars, desquels ils tenaient la prérogative royale, qu'ils avaient du mal à se faire accepter par le sacerdoce et les pharisiens, d'où les concessions en matière religieuse, c'est à dire persécutions souhaitées contre les chrétiens.

L'apôtre Paul avait médité tout cela pendant sa retraite en Arabie (Ep. Galates, 1,17), et s'il avait accepté comme inéluctables les hostilités de la caste sacerdotale, il voulait du moins être couvert du côté des Hérodiens, ramifiés et administrant tous les territoires concernés et limitrophes sous différents titres (rois, tétrarques, ethnarques). Il n'avait pas hésité, dans ce but, à insérer dans la version lucanienne du procès de Jésus, une intervention du tétrarque de Galilée à profil bas créée de toutes pièces[7].

---

[7] V. mon ouvrage «Radioscopie des Evangiles», p. 62.

En même temps, projetant de se rendre à Rome pour développer la communauté chrétienne déjà prospère et constituée de juifs convertis, il prend les devants et leur recommande (dans l'ép. aux Romains, 13,1-7) de rester soumis aux autorités et de s'acquitter de tous les impôts et les tributs. Pierre en fait autant dans sa I° épître adressée à la diaspora asiatique depuis sa résidence à Rome, appelée Babylone à cause de ses abus dès le règne de Claude au moins: expulsion de juifs et de chrétiens, culte impérial, arrogance …

II. Le mystère de la bête écarlate (ch. XVII)

Pour avoir le même nombre de têtes (sept) et de cornes (dix) que la bête chiffrée, la bête écarlate est un des deux césars rencontrés dans le XIII chapitre, mais nous exigeons aussi la preuve par neuf: le casse-tête des sept rois + un huitième qui est le sixième. Sachant que vous êtes mal partis pour choisir entre Caïus et Claude, étant conditionnés par tous ce qu'on a pu écrire là-dessus, je vous dis d'entrée de jeux qu'il s'agit du second. Les exégètes qui m'ont précédée ont cru bon de faire démarrer le comput en fonction du résultat escompté: ainsi ceux qui avaient dans la tête Néron ont commencé par Jules César, qui ne fut ni roi ni empereur, mais que Suétone a quand même inclus dans les Vies des XII Césars. Ceux qui avaient dans la tête Domitien ont dit qu'il fallait commencer par Caligula, en enjambant Galba, Othon et Vitellius parce que la fin justifie les moyens. Le pont aux ânes toutefois, est la bête qui était, n'est plus, mais reviendra (XVII,8)[8]. Désamparés devant la difficulté de faire régner une huitième fois le sixième roi, les spécialistes de l'Apocalypse se cramponnent depuis toujours à la légende d'un Néron *redivivus*, ignorée par Irénée de Lyon qui a vécu au 2° siècle, ou traitée avec le mépris qu'elle mérite.

De nos jours on a les idées plus larges (ou plus étroites): les Encyclopédies et les Dictionnaires engagent les lecteurs à avoir pleine confiance en Tacite qui l'a colportée, et à lire les Oracles Sibyllins, IV, sur la fuite éperdue d'un roi matricide.

Ces exégètes attribuent leurs propres nécessités, pour ne pas dire indigences, à l'auteur de la devinette, qui n'avait aucun besoin de bâtir sur des sables mouvantes et s'encombrer de fables, par ailleurs inconnues là où il écrit. Confortablement assis dans une perspective post eventum, il lui aurait été facile de concocter la devinette au départ des données réelles, c'est-à-dire la suite véritable des têtes couronnées; il aurait pu écrire par ex. qu'après le VI° roi (mettons Néron) le suivant (Galba) a duré très peu, que le 8° et le 9° ont été tout aussi éphémères, et poursuivre avec la dynastie flavienne. Pourquoi tant de chercheurs n'ont pas fait l'effort de refléchir à tout ça? Je sais pourquoi: ils ont

---

[8] Pour un résumé des tentatives de solution, consulter, en plus des Encyclopédies, le «Livre de l'Apocalypse», surtout page 322 s., dans *re-dater le N.T.* de J. A. T. Robinson, éd. Lethielleux, Paris 1987.

tous des éditeurs prêts à les publier sans ciller; alors pourquoi s'efforcer sottement?

Et moi, qui ai déchiffré la bête de 666, par qui devrais-je commencer pour aboutir à Claude? Même en commençant par Jules César, il ne serait que V°. Remonterais-je à Pompée, qui pénétra dans le Saint des Saints le 63 av. J.C. et rattacha le premier la Judée au futur empire romain? Ma déontologie me l'interdit. Et même si j'arrivais à mettre Claude en 6° place, comment le ferais-je régner une 8° fois? Et qui serait le septième?

C'est le moment vraiment d'avoir l'intelligence, que la sagesse éclaire. Vous savez désormais que c'est Claude, mais ça n'a pas été évident et je soupirais d'impuissance au pied du pont aux ânes.

C'est alors qu'un ange me parut et me dit: «Lis Daniel».

Et je lus Daniel, surtout le songe de Nabuchodonosor, (ch. 2) et l'histoire du bouc et du bélier (8,20). Et j'eus la vision des Empires qui ont foulé le peuple des saints et profané le Temple.

Avant de continuer l'effort d'interprétation, je vous montrerai comment vous devez lire l'Apocalypse si vous voulez la comprendre:

> — dégagez d'abord l'assise horizontale, judéo-alexandrine, qui se greffe dans le bestiaire daniélique et le poursuit jusqu'à Claude en passant par son neveux Caligula.
> Le châtiment de Rome = Babylone la Grande, et la descente de la Jérusalem céleste sont l'aboutissement normal et traditionnel d'une évocation historique de cette sorte.
> — Il vous sera facile alors d'isoler les interventions verticales, celles qui ont été opérées, après une relecture chrétienne, à différents endroits du texte et qui l'affectent dans sa symétrie.

Même après la première relecture chrétienne, ce document n'a pas encore été diffusé parce que son moment n'était pas encore venu. Et lorsque ce moment a sonné, de nouveaux ajournements se sont rendus nécessaires pour soutenir la foi ébranlée des Eglises d'Asie sous la persécution déclenchée par Domitien. Les 7 lettres aux anges des 7 Eglises sont en fait la dernière partie de l'ouvrage, mise en prologue. Suivant le jargon local, les Romains ne sont pas appelés la Bête, mais les Nicolaïtes dans la I° lettre (qui sert de modèle aux autres) et dans la III°, avec corollaire «que celui qui a des oreilles, qu'il entende ce que dit l'Esprit».

L'archéologie du texte, qu'on préconise si souvent sans l'effectuer pour autant, consiste à repérer sur l'assise horizontale les endroits bâtis en hauteur pour éviter de bousculer les fondations anciennes, interven-

Qui est comme la bête et qui peut la combattre?
(Apoc. de Jean, XIII,4)

Caligula (Rome, musée du Capitole).

Iudaeos impulsore Chresto assidue tumultuantes Roma expulit.
(Suétone, Vies des XII Césars, Claude 25)

Claude

tions entraînées par l'histoire en marche et par la conversion au Christianisme.

On remarquera que souvent Jésus, ses témoins, ses serviteurs, l'Agneau, occupent des places de strapontin. Il fallait insérer quelque part les nouvelles données pour transmettre un message chrétien aux destinataires, qui ne sont plus les mêmes de la couche horizontale.

Je connais moi-même très bien cette technique pour l'avoir appliquée à des pages prêtes-à-lire auxquelles toutefois en dernière minute des retouches, des ajoutes, des corrections ont dû être apportées.

Daniel n'hésita pas à appliquer le symbolisme des cornes à des Royaumes (8,8), sans se soucier de la succession des souverains, à moins que l'un d'eux n'ait revêtu une importance particulière pour le Royaume des saints; alors il le singularisait, comme c'est le cas pour Antiochus Epiphane qui est la petite corne (8,9), celui qui a profané le Temple.

Si nous voulons expliquer les 7 rois du ch. XVII de l'Apocalypse par 7 césars, non seulement nous n'aboutirons à rien (quitte à nous dégrader dans la légende de Nero redivivus), mais nous oublions que les lecteurs dont Jean sollicite intelligence et sagesse n'étaient pas censés connaître la suite des Césars romains. Pourriez-vous nommer autant de Présidents de votre propre pays?

C'est pourquoi nous devons greffer l'Apocalypse sur Daniel et interpréter les vv. 8-12 du ch. XVII comme suit:

— les 7 têtes sont 7 rois	— les 7 têtes sont 7 royaumes:
— 5 sont tombés (le verbe employé, πίπτω, ne s'applique pas aux hommes, mais aux gouvernements)	— quatre nous les connaissons déjà: les royaumes de Daniel:
	— Babylone
	— Mèdes
	— Perses
	— Alexandre le Grand, le macédonien (roi de Javan)
	le cinquième est celui des Séleucides (Antiochus Ep.)
— le 6° existe (gr. ἐστιν): Jean n'écrit pas «règne» comme on traduit souvent avec une certaine désinvolture, car un empire ne règne pas: il existe ou il tombe	— le sixième est celui des Kittim (Dan. 11,30) c. à d. les Romains, et il est incarné par Claude
— le 7° n'est pas encore venu[9], et	— Hérode Agrippa, qui était à Rome

[9] N'est pas encore venu: ici terminait la Ière édition de la devinette, avant d'être actualisée à partir de 10 b et 11 où le prothète ex eventu a pris acte de la mort d'Hérode Agrippa et du retour de la botte romaine.

quand il viendra ne restera que peu de temps	à l'avènement de Claude (la bête chiffrée), lequel le nomme Roi de Judée, Galilée, Perée, Samarie etc.. Il ne *règne* que de 41 à 44.
— La bête est aussi un 8° roi, il est du nombre des 7 et s'en va à la perdition.	— L'Empire romain, qui récupère la Province de Syrie en la plaçant sous des Gouverneurs. La perdition de Babylone-la-grande est vivement souhaitée.

Les dix rois du v. 12, correspondant aux dix cornes, sont des vassaux comme Hérode Agrippa, que César choisira à l'aune de leur dévoument, non de leurs capacités à régner. Ils seront des alliés de la bête, sans savoir que Dieu se servira d'eux pour la détruire.

Plus explicitement que le ch. XIII, le chap. XVII contient une allusion à Jésus: la femme = Rome, ivre du sang des témoins de Jésus (v. 6). Nous avons ici l'exemple d'une construction verticale (allusion aux martyrs de Rome sous Néron) greffée sur l'assise horizontale, pont tendu entre Alexandrie et Jérusalem. Le casse-tête à lui seul a été composé à une date postérieure à 44 (mort d'Hérode Agrippa Roi), tout en étant antérieur à la parenthèse 46-48 qui voit un neveu de Philon, T.J. Alexandre, gouverner la Palestine sous mandat romain (donc du vivant de Philon), tandis que l'intervention verticale a pris acte de la persécution de Néron vers la fin de son règne (62-3), qui a presque certainement coûté la vie de Pierre et Paul, témoins privilégiés de Jésus. Ceci vaut aussi pour dater le chap. XIX qui reproche à la grande prostituée (Rome) d'avoir tué les serviteurs de Dieu. Ce chapitre et le suivant ont ressuscité le faux-prophète, qui se situe dans la ligne du ch. XIII, ce qui veut dire qu'ils ont été composés à un même temps. L'inspiration «marchande» au sein des auteurs se manifeste avec force dans le ch. XVIII.

Le rapprochement avec Daniel montre combien était déplacé le recours à la légende d'un Néron redivivus. Jean ne sollicite jamais une intelligence et une sagesse sorcière de ses lecteurs, ce qu'on a vu aussi dans le cas du chiffre de la bête. C'était difficile pour vous peut-être, mais pas pour les contemporains de Philon, si bien que dans les codes latins les plus anciens de l'Apocalypse, on s'est avisé de changer 666, trop évident et compromettant, en 616. Une fois tuée la bête, et surtout sous les Flaviens, issus d'un autre cep, une telle précaution n'a plus paru nécessaire.

Pour atteindre avec un seul nom un nombre aussi élevé, il faudra attendre la moitié du III° siècle. Alors véritablement on aura à déplorer un grand nombre de *lapsi,* terme qui désigne ceux qui essaient de se dérober à la persécution déclenchée systématiquement contre les chrétiens par Dèce, dont le chiffre, augmenté de sa marque c. à d. X, est = 616. Les écritures inspirées ont ceci de particulier, qu'elles s'actualisent dans l'histoire (ici: l'histoire des persécutions).

III. Le mystère des deux témoins (ch. XI)

Vous en aurez peut-être assez de devinettes, mais puisque le casse-tête des deux témoins a des droits imprescriptibles et les exégèses courantes ne nous gâtent pas à son égard (la dernière en date a coupé Jésus en deux: le grand-prêtre et le roi pour rendre compte des deux témoins), je me fais un plaisir de partager avec vous la découverte, due cette fois au hasard et non pas à un ange volé à mon secours. Les deux prophètes venus combattre l'Antéchrist sont Enoch et Elie.

Il ne faut pas chercher la source dans la tradition judéo-alexandrine ou parmi les armateurs et les négociants, mais dans le cercle des juifs convertis. Lisez l'Evangile de Nicodème, ch. XXV. Ce pharisien ami de Jésus attendait le retour des deux prophètes.

Avant d'incorporer les lettres aux Eglises d'Asie, l'Apocalypse a fait le tour de tous les cercles de lecteurs concernés. Avis aux archéologues! Pour le terminus ad quem cependant on prendra comme référence Irénée qui écrit en Adv. Haer. V, 30,3: «Il n'y a pas très longtemps que l'Apocalypse a été vue, mais cela s'est passé presque au temps de notre génération, vers la fin du règne de Domitien».

IV. La question de l'auteur

En ce qui concerne les chap. 13 et 17 et tout autre passage où il est question de la bête et de son prophète, on cherchera l'auteur ou les auteurs dans l'entourage immédiat de Philon: des hommes d'affaires, ou d'esprit comme Apollos, juif d'Alexandrie au sujet duquel est faite dans le Nouveau Testament la seule mention de la ville rivale de Rome, mais aussi pourquoi pas?, des hellénistes de Jérusalem comme Jean entretenant des contacts avec les coréligionaires d'Egypte. De telle manière, Jean aurait pu intervenir deux fois dans l'édition de l'œuvre, la seconde étant celle qui correspond à sa conversion ouverte au christianisme après l'effondrement du judaïsme en 70. A l'instar du V° livre des Oracles sibyllins portant les traces d'un remaniement chrétien, l'Apocalypse dirigée contre l'occupation romaine et son abominable politique d'impérialisme religeux (Caligula, sous les traits de Zeus, le Dragon, intronisé presque dans le Temple de Jérusalem) a été christianisée à plusieurs reprises, notamment sous Néron, (17,6) et sous Domitien (les 7 lettres aux 7 Eglises d'Asie).

Mais l'écrit n'a aucune ambition catéchistique, c'est pourquoi il n'y a guère de rappel de la vie terrestre de Jésus dans les strapontins amenagés pour les destinataires chrétiens.

Où voulez-vous autrement chercher l'auteur? De personnes capables de composer en Koiné un livre prophétique aussi sophistiqué il n'y en avait pas beaucoup. Il faut les chercher parmi des hommes de renom, et en ce qui concerne les chapitres de la bête, parmi ceux qui l'ont rencontrée ou en ont eu une description de première main et ont songé à se venger d'elle d'abord sur le papier, en attendant que Dieu exerce lui-même la justice d'une manière traditionnelle (destruction par le feu, fléaux); tandis que l'ombre de Nicodème plane sur le onzième chapitre, celui des deux témoins. Or, Jean et Nicodème se connaissaient très bien.

La tradition se prononce dans l'ensemble pour Jean comme auteur: Justin martyr, Dialogue avec le juif Tryphon, milieu du II° s.; Irénée de Lyon, Adv. Haer., fin du II° s.; Tertullien, Clément d'Alexandrie, Hippolite de Rome, Origène.

La contestation est représentée par Denys d'Alexandrie, Eusèbe de Césarée et par Gaius, prêtre romain du 3° s. qui attribue l'œuvre au gnostique Cérinthe.

La réticence sur l'auteur provient du fait qu'on a confondu dès le début Jean l'apôtre avec son homonyme évangéliste. Celui-ci, pour avoir été trop secret, a perdu toute sa consistance au profit de celui-là. Mais lorsqu'une tradition existe et le contraire ne peut de loin être prouvé, l'accepter comporte moins de risques que la refuser par parti pris.

ANNEXES

I

Certificat de sacrifice datant du règne de Dèce (12 juin 250) mais évoqué déjà dans le chap. XIII de l'Apocalypse comme «marque de la bête»:

MANUS I

A la commission élue pour surveiller les sacrifices.
Mémoire d'Aurelius Asêsis, fils de Serenus, du bourg de Théadelphie. J'ai, de tout temps, offert des sacrifices aux dieux, et maintenant encore, en votre présence, j'ai, selon l'édit, fait des libations et des sacrifices, et mangé des offrandes sacrées. Je vous prie de me donner votre signature.
Portez-vous bien.
Asêsis, âgé de trente-deux ans, invalide.

MANUS II

Nous, Aurelius Serenus et [Aurelius] Hermas, nous t'avons vu sacrifier.

MANUS III

Moi, Hermas, j'ai paraphé.

MANUS I

Année 1re de l'empereur César Gaïus Messius Quintus Traianus *Decius* Pius Felix Augustus, le 18 de payni.

II

Lettre de Dénys d'Alexandrie à Fabius d'Antioche (dans Eusèbe, Hist. Eccl., VI, XLI, 11):

[11] D'ailleurs, tous furent saisis d'effroi. Beaucoup des plus illustres se présentèrent aussitôt, les uns étaient mus par la crainte, d'autres, qui étaient fonctionnaires, étaient conduits par leurs fonctions; d'autres encore étaient entraînés par leur entourage. Appelés par leur nom, ils allaient aux sacrifices impurs et impies, ceux-ci pâles et tremblants non pas comme des hommes qui vont sacrifier, mais comme s'ils allaient être eux-mêmes des victimes immolées aux idoles: ils étaient accueillis par les rires moqueurs du peuple nombreux qui les entourait, et il était manifeste qu'ils étaient également lâches et pour mourir et pour sacrifier.

ORIENTALISTE, P.B. 41, B-3000 Leuven